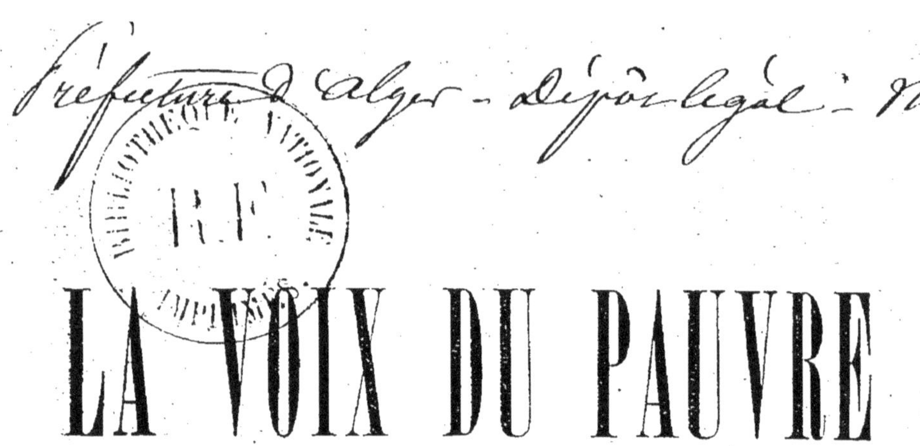

LA VOIX DU PAUVRE

SOMMAIRE

1° AUX TRAVAILLEURS.

2° AUX BOURGEOIS.

3° LE RÉGIME BOURGEOIS.

4° LA PRESSE ALGÉRIENNE.

5° CHANSON NATURALISTE.

6° REVUE LITTÉRAIRE.

PRIX : **15** CENTIMES

Alger

IMPRIMERIE V. PÉZÉ ET Cie, RUE DE LA CASBAH, 4

1879

AUX TRAVAILLEURS

Citoyens ! à l'heure où les repus, grimpés au pouvoir sur vos épaules, jettent, enfin, le masque et s'apprêtent, à leur tour, à faire marcher la France et à tenir tête au peuple souverain, nous avons constaté douloureusement que sur la terre républicaine d'Afrique, aucune voix ne s'élevait pour signaler le danger.

C'est pourquoi, sans autre mandat que notre foi républicaine, sans autre but que celui de faire notre devoir, nous avons voulu, au milieu du concert opportuniste, faire entendre, à tous, les vigoureux accents de *la Voix du Pauvre*.

Peut-être les satisfaits qui dernièrement essayaient de flétrir le martyr Blanqui, et qui, en 1870, ont traité de mouchard le noble Vermorel, fusillé, par eux, en 1871, peut-être les républicains du lendemain essaieront-ils de jeter sur nous le soupçon et la calomnie.

Qu'ils prennent garde, car, si nous conservons l'anonyme c'est parce que nous ne désirons ni popularité, ni places. Mais, si la calomnie nous y contraint, nous sommes prêts à livrer à la publicité tout notre passé, obscur peut-être, comme celui de nos frères les travailleurs, mais aussi, comme le leur, droit, honorable et surtout franchement démocratique.

La comparaison ne serait probablement pas à l'avantage de nos modérés.

Citoyens d'Alger, nous sommes des enfants du peuple, des républicains de la veille et des socialistes.

Nous voulons démasquer les traîtres et les incapables, signaler les embûches dressées contre le peuple souverain.

Nous voulons, surtout, revendiquer les droits du travailleur, confisqués au profit de la bourgeoisie, depuis 1789.

C'est pourquoi nous ne craignons pas de troubler le concert opportuniste en faisant résolument vibrer aux oreilles des satisfaits l'écho poignant et formidable de

La Voix du Pauvre

AUX BOURGEOIS

Il me semble que j'entends déjà le gros rire des faux aristos pendant que nos vendeurs crient de tous côtés : *La Voix du Pauvre* !

Cela vous fait rire ? Eh, parbleu, ce n'est pas d'aujourd'hui que vous ricanez lorsque *la voix du pauvre* sonne comme un glas à vos oreilles Mais, patience, ce glas aura bientôt sa signification. Rira bien qui rira le dernier.

Il est temps, en vérité, que la comédie finisse, depuis quatre-vingts ans que les marionnettes bourgeoises dansent à qui mieux mieux sur les tréteaux de la politique.

Le spectacle était drôle : *Galimafré donnant la réplique à Prudhomme*, quelle singulière parade révolutionnaire !

Tudieu, que de boniments ! Que de culbutes parlementaires, que de tours de passe passe, que de momeries !

Eh bien, je vous le répète, ce spectacle était drôle, mais il a trop duré.

Le peuple en a assez, car, parmi tous ceux que ces drôleries ont pu réjouir, il en est qui n'ont pas à satisfaire seulement le plaisir des yeux ; l'appétit réclame sa part.

La voix du pauvre, la voix du travailleur, crie : J'ai faim !

Et cela vous fait rire ?

Toujours alors.

Prenez garde ! Un rude travailleur, un maître, le grand ouvrier de la pensée, Victor Hugo, a dit : Le rire qui dure trop est malsain. Il engendre mélancolie.

Ce n'est déjà plus la mélancolie, c'est la vengeance.

Croyez-vous qu'il suffise d'avoir fait perdre à l'ouvrier sa journée, son gagne-pain : de lui avoir fait abandonner sa femme, ses enfants, pour aller se faire trouer la peau sur les barricades en 1830, en 1848, en 1871.

Et pourquoi ?

Pour donner à vos fils le salaire que vous aviez promis aux combattants.

Pour faire pousser la graine des sous-préfets, des opportunistes, ces révolutionnaires en chambre ; était-il donc nécessaire d'amonceler ce tas de cadavres.

Ah ! je comprends que ce spectacle vous égaie, sinistres farceurs que vous êtes. Vous avez atteint votre but.

Pour occuper la place, trop peureux pour aller vous-même en avant, vous avez lancé vos éclaireurs, comme en 1870, vous avez lancé les enfants du peuple à la tête de l'ennemi, pendant que soigneusement embusqués derrière vos persiennes, drapés dans le grand uniforme de garde national, le visage blême, le dos tendu, vous guettiez le moment de fuir ou de tomber à plat ventre devant le vainqueur.

Vos fils dirigeaient alors les armées, dressaient des plans de bataille, sous l'œil unique du pierrot révolutionnaire qui venait de se déguiser en Napoléon Ier de contrebande.

Tel était le patriotisme opportuniste,

La bataille finie, les corbeaux apparaissent.

Vous étiez tous au poste.

Ah! comme vous aviez dû rire en voyant les cadavres des enfants du peuple.

Les tas étaient gros.

Qu'importe. Vous ne songiez qu'aux récompenses. N'ayant pas eu votre part de gloire, vous vouliez avoir celle du butin. Vous l'avez eue. Vous avez pensé qu'avec de l'argent, on pourrait laver toutes les hontes; vous êtes riches, vous êtes gorgés d'or, vos fils ont tous des places. Tous repus!

Encore une fois voilà ce que vous vouliez, vous l'avez obtenu. Mais la part du pauvre? vous l'avez oubliée.

Les promesses faites dans les jours sombres à ceux qui devaient payer de leur sang votre gloire future, quand les remplirez-vous?

En vérité, je vous le dis, le peuple a compris votre jeu cynique.

Il ne s'est pas plaint.

Il pense à autre chose.

Il pense au jour de la revanche qui s'approche. Il n'a rien oublié, ni vos frayeurs en face de l'ennemi, ni vos terreurs blanches en temps de paix.

Aujourd'hui, la voix du pauvre se fait entendre de tous côtés.

Ecoutez comme elle monte!

Hier, elle disait : Liberté, égalité, fraternité. Vous avez fait la sourde oreille.

Après avoir écrit ces mots, sur les murs, comme un programme futur, en les relisant vous avez ri.

Le peuple ne rit pas, lui, mais votre grimace lui fait horreur.

Il croit à la liberté, parce qu'elle est sainte; il croit à l'égalité, parce qu'elle est juste; il croit à la fraternité, parce qu'elle est sublime.

Le peuple ne demande pas de places pour ses fils, mais il demande sa place au soleil. Il veut à tout prix ce que vous ne voulez pas, c'est-à-dire la suppression du salariat, cette forme moderne de l'esclavage.

Il veut l'émancipation de la femme, qu'il considère comme l'égale de l'homme et qu'il respecte pendant que les bourgeois, ces jouisseurs honnêtes, exploitent sa misère.

Il ne veut plus gaver vos fonctionnaires et vos prêtres.

Assez de grimaces, assez d'hypocrisie. Le temps des discours est passé.

Il veut chasser les vendeurs du temple.

Il veut, à tout prix, après quatre-vingts ans de trahisons, se débarrasser des classes dirigeantes.

Bourgeois, blancs ou roses, monarchistes ou opportunistes, profitez des derniers moments qui vous restent pour rire à votre aise.

Le règne du tiers-état est fini; celui du quatrième état commence.

Votre cri de ralliement était : opportunisme ; la voix du pauvre dit : SOCIALISME.

Riez vite avant qu'il ne soit temps de pleurer.

LE RÉGIME BOURGEOIS

Tout le monde connaît cette réponse du traineur de sabre qui disait : « Je nomme pékin tout ce qui n'est pas militaire. »

— Et moi, j'appelle militaires tous ceux qui ne sont pas civils.

La répartie était plus précise que l'attaque ; en effet l'adjectif « militaire » présente un sens net et catégorique. Nous savons tous ce que c'est qu'un soldat, et, par exemple, nous comprenons parfaitement ce que veulent dire les mots « régime militaire ».

Le mot « pékin » et celui plus poli de « civil » sont autrement vagues. La catégorie des civils comprend mille variétés distinctes les unes des autres. Gens honnêtes et honnêtes gens, riches et pauvres, imbéciles et hommes d'esprit, travailleurs et bourgeois, tous sont désignés par la vague appellation de civils.

Le fameux *régime civil*, la panacée des colonies, n'est donc, en dernière analyse qu'un mot dépourvu de sens, comme le sont du reste toutes les concessions faites à l'opinion publique par l'opportunisme dirigeant

Ce régime sera-t-il bon, mauvais, démocratique, clérical, libéral ou réactionnaire ? Il peut être tout cela sans manquer à son étiquette, laquelle ne lui interdit qu'une seule chose : être militaire,

Sans vouloir déprécier cette unique qualité, on nous permettra de penser que le fait de n'être pas militaire ne constitue pas précisément le seul but des efforts de l'humanité ; et, sans nous inquiéter plus longtemps de ce que n'est pas ce nouveau régime, voyons un peu ce qu'il est en réalité.

A tout seigneur tout honneur. Quel est donc le préfet nommé par le régime civil dans le département d'Alger ? Le préfet d'Alger, M. Loreille de Lestaubière est un ancien bonapartiste décoré en 1853 par le gouvernement impérial. Il était assez compromis pour que les hommes du 4 septembre eux-mêmes aient cru devoir le révoquer. Sous le régime de la République sans républicains, il est naturellement revenu sur l'eau. Tel est, politiquement, l'homme que le régime civil a mis à la tête du premier département de l'Algérie.

Les personnalités nous répugnent : contentons nous donc d'affirmer aujourd'hui, que le régime civil a conservé précieusement tous les fonctionnaires rétrogradés, ou les a remplacés par d'autres réactionnaires. En cas de contestations, nous sommes prêt à publier les noms, et les biographies exclusivement politiques. car notre intention n'est pas de faire naître le scandale, mais bien de le faire cesser.

Toutefois, il est un fait qui en dit plus que tous les noms possibles, c'est la révélation faite aux journaux monarchistes de l'enquête sur l'insurrection de l'Aurès. Nul n'ignore que le *Figaro* le premier a publié la susdite enquête.

D'autre part, ne lit-on pas tous les jours dans le *Nouvelliste de l'Algérie* journal réactionnaire, clérical et bonapartiste, les renseignements les plus détaillés sur la vie publique et privée de nos gouvernants ?

Les fonctionnaires qui donnent de pareils renseignements sont des traîtres, nous dira-t-on ? C'est possible.

Mais quel nom donnerez-vous aux pseudo-républicains, arrivés au pouvoir sur les épaules du peuple. qui réservent toute leur indulgence pour leurs pires ennemis, tandis que des patriotes éprouvés pourrissent au bagne ou s'étiolent en exil, tandis que les journaux franchement républicains sont traqués à outrance par les parquets bonapartistes ?

Ne sont-ils pas plus traîtres encore s'ils ne sont pas profondément incapables ?

Pourquoi sommes-nous obligés d'élever la voix pour signaler de pareils abus ?

L'Algérie manque-t-elle donc de journaux ?

Quel étrange spectacle sous un gouvernement qui se prétend républicain de voir un journal reactionnaire qui reçoit les communications officieuses de l'administration, tandis que les journaux républicains semblent remplir les fonctions de joueurs de flûte *pour l'honneur* !

*_**

Si nous avons rappelé les faits qui précèdent, c'est simplement pour constater l'impuissance absolue, irrémédiable de ce fameux *régime civil*, car, de tous ces détails de place ou d'avancement, le peuple n'a que faire.

Si la France entière a fidèlement suivi nos pseudo-républicains depuis 1871, si, tout dernièrement, elle a stoïquement supporté la bourrasque du 16 mai, et maintenu victorieusement les 363 aux fonctions que leurs défaillances leur avaient fait perdre, ce n'est pas dans l'unique espoir de voir remettre en places les nombreux amis et clients de messieurs nos dirigeants. Peu importe, en somme, au pays de voir remplacer M. X. ancien fonctionnaire de l'Empire, par M. Y. à qui l'Empire n'a pas cru devoir offrir de fonction.

Les réformes qu'attend le peuple, et pour lesquelles les ouvriers de Lyon mouraient en 1832, comme ceux de Paris en juin 1848 et en mai 1871, ces réformes que depuis près d'un siècle le prolétaire toujours trompé poursuit comme un mirage, et qui, seules, pourraient nous garantir du cataclysme qui menace l'Europe entière, ces réformes n'ont rien de commun avec les jongleries politiques qu'exécute le gouvernement actuel, en France comme en Algérie.

Il ne s'agit pas d'amuser la galerie et de gagner du temps en feignant d'interdire l'enseignement aux congrégations non autorisées, alors que les lois de la monarchie si bien appliquées aux républicains, permettent au gouvernement d'expulser les dites congrégations dans les vingt-quatre heures.

Ce qu'il faut enfin donner au peuple ce sont : les **Réformes sociales.**

Il faut qu'après une vie de travail et de privations l'ouvrier ne soit plus exposé à *crever* comme un chien sur le pavé.

Il faut, en cas d'accident, garantir les enfants du travailleur de la misère et de l'abandon, afin que ses fils ne soient plus exposés à devenir des bandits ou des argousins, et ses filles des prostituées pour le plus grand plaisir des jouisseurs engraissés de son travail.

Il faut que chacun reçoive le prix intégral de son travail ; que les impôts soient proportionnés à la fortune ; que tous les citoyens reçoivent l'instruction que comporte leur intelligence.

Il faut bien d'autres choses encore que le cadre de cette brochure ne nous permet pas d'énumérer.

Or, peuple, crois-tu qu'un gouvernement qui ne peut même pas éliminer la réaction de ses conseils te donnera satisfaction ?

Jamais ! car le vrai nom de ce gouvernement aussi bien en France qu'en Algérie ce n'est pas le *régime civil*, mais le **Régime bourgeois**.

Oui, le régime bourgeois avec toutes ses peurs, toutes ses rancunes et toutes ses haines ; car le bourgeois hait et craint le peuple pour tout le mal qu'il lui a fait, et ce n'est pas peu dire.

C'est pourquoi, citoyens, nous vous conjurons de ne plus perdre votre temps à regarder la parade plus ou moins républicaine que nos gouvernants exécutent devant vous.

Vous n'aurez plus grand mérite à les juger, depuis qu'ils ont jeté le masque démocratique en amnistiant leurs compères monarchistes pour garder au bagne nos frères les républicains de Paris.

Bien plus, ces jours derniers, le ministère de Prud'hommes qui nous gouverne est allé jusqu'à délibérer sur l'opportunité de l'état de siège ! Voilà qui est bien militaire pour des civils.

Repoussez-donc avec mépris tous les intrigants qui vous exploitent. Citoyens d'Alger, avant de réorganiser votre beau pays, il faut réorganiser la société française ; autrement tout ce que l'on pourrait constituer serait bâti sur le sable et s'écroulerait au jour prochain de la grande réparation.

Désintéressez-vous donc des boniments et des compétitions de tous les pitres qui vivent de l'injustice et de l'inégalité.

Ouvriers, votre unique intérêt est d'amener le plus tôt possible l'heure de la réorganisation sociale. Cette heure ne tardera pas à sonner, si rien ne vous détourne de ce but sacré.

Bourgeois éclairés, voyez ce qui se passe en Russie, en Allemagne, dans toute l'Europe et même en Amérique. Regardez la rapide décomposition du vieux monde monarchique. Votre intérêt à vous est de profiter de vos derniers jours de pouvoir pour diriger vous même l'*évolution* afin de ne pas subir la *révolution*.

Donc, prolétaires de France et d'Algérie, et vous citoyens clairvoyants de toutes les classes, unissez-vous pour faire pacifiquement toutes les réformes sociales nécessaires ; et en premier lieu, à chaque élection nouvelle, votez de façon à remplacer bientôt le **Régime bourgeois** par le **Gouvernement du peuple.**

SPARTACUS.

La Presse Algérienne

Je déclare qu'elle n'existe pas.

Je le prouve.

Un journaliste est un homme libre qui peut développer sa pensée sans crainte, sans autre but que le bien public.

Il y a peu de journalistes, direz-vous ; d'accord.

Il y a peu d'hommes.

A Alger, je vois bon nombre d'écrivassiers, de rimailleurs, de déclassés ; quelque rageur égaré dans le troupeau ; en tête un marchand de papiers peints qui vend l'article dans son grand bazar, en queue, un Don Quichotte qui se bat contre des moulins à vent pour l'esbauhissement des colons.

J'en oublie et non des meilleurs.

Un ancien saute-ruisseau, tombé de l'étude de son patron dans la boite crasseuse de l'opportunisme.

Un autre, un joueur d'orgue à mine partibulaire, au teint fiévreux, aux pieds plats, au caractère plus plat encore, sorte de jésuite en robe courte qui s'était fait le Gaudissard du parti légitimiste et qui exerce aujourd'hui comme par le passé pour son compte.

Mais trève d'allusions, il est temps de lever les masques.

Laissons les hommes de côté ; leur biographie serait intéressante peut-être pour quelques nouvellistes à court de copie. Mais un moraliste y perdrait son temps.

Pour peindre ces caractères, il faudrait un Labruyère.

Pour montrer leurs œuvres, il suffit d'un coup d'œil ; disons mieux, il suffit d'être franc.

On peut parler haut quand on parle sans crainte. Voilà pourquoi sans doute au rebours en Algérie, tous les Giboyer parlent bas.

Ce qui montre que chaque journal ment à son programme c'est le titre.

On n'est pas plus ironique.

Noblesse oblige, dit-on. Ici titre désoblige.

Ainsi, procédons par ordre :

Le *Petit Colon*, s'il était fidèle à son titre, ne devrait-il pas avoir pour but unique de faire de la colonisation, de s'occuper des réformes sérieuses à opérer en Algérie ? Que fait-il ?

Tout excepté cela.

A la première page nous trouvons une sorte de morceau à effet, suivi de variations sur des airs connus ; vieilles romances sentimentales qui ont fait le tour du monde parisien, et sont descendues lentement par l'escalier de la renommée jusque dans le laboratoire avoué de l'opportunisme.

Ce qu'il y a de mieux dans le *Petit Colon*, c'est assurément le fait divers.

Toujours drôle ce fait divers. Mal habillé, court vêtu, mais le bourgeois aime les nudités. Il a son compte.

Les femmes de chambre se pâment à la lecture de toutes ces belles histoires de voleurs.

Les concierges ont aussi leur part, le roman est fait pour elles ; le nom de l'auteur le plus accoutumé en est la meilleure preuve.

Alfred Sirven, c'est assez dire ! Celui que Vermesch appelait : la punaise cléricale.

Tel est le bilan du *Petit Colon*, je n'ai pas parlé du style.

Les absents ont tort.

La *Solidarité* mérite à peine qu'on y jette un coup d'œil. Ce n'est même plus une boîte opportuniste, c'est une sacristie laïque, dans laquelle on brûle de l'encens sous le nez d'un pontife qui doit payer largement ces services.

Nous aimons à le croire, du moins, pour l'honneur de celui qui s'était donné à lui même un brevet de républicanisme pur, en se posant comme directeur de la *Solidarité*.

On a appelé cet homme : « Egérie », par opposition à Numa.

La *Solidarité* existe, sans doute, entre Egérie et Numa, mais entre ce titre et le sens qu'on lui attache, il y a loin.

Au surplus, une indifférence profonde a fait justice de ce journal, et si quelque serpent de mer ne venait parfois se glisser dans ses colonnes, il n'y aurait certainement pas de différence à faire entre ce journal et le *Constitutionnel*.

Je ne parle du style que pour mémoire. Celui qui écrivait jadis à coup de poing, a maintenant les bras en croix et les genoux à terre : il attend.

Un autre son collègue mériterait des sympathies, s'il était vraiment maître de sa plume comme il l'est de sa pensée.

Outre l'aboiement du chien, il a le trait acéré de la guêpe. Cet homme a failli être un véritable journaliste, il ne lui a manqué que l'opinion. Malgré cela, nous le regardons comme un honnête homme.

En somme, la *Solidarité* ne joue qu'un morceau sans variations qui pourrait être intitulé : Le discours de réception de M. Leroux au palais d'Alger.

Quant à la véritable solidarité, je la cherche.

J'arrive à la *Vigie*, le journal des honnêtes gens. Je pense au mot de Zola : « Quelles canailles que ces honnêtes gens ! »

Encore une fois, je ne veux pas faire de personnalités.

M. Allan est d'ailleurs, aux yeux de tous, un journaliste trop honnête, trop sincère, pour que j'aie la moindre velléité de lui décocher la flèche du Parthe.

D'ailleurs, je rends justice au polémiste qui sait frapper d'estoc et de taille, à travers tous les abus, mais quelquefois à tort.

L'exagération d'une qualité est un défaut. Je ne reproche qu'une chose à M. Allan, mais pour moi c'est le plus grand reproche que je puisse lui adresser : c'est d'être directeur politique de la *Vigie algérienne*.

La *Vigie !* Pourquoi ce journal s'appelle-t-il la *Vigie ?* S'il veille à la conservation des intérêts bourgeois, soit.

Mais ce n'est pas une excuse, c'est plutôt une circonstance aggravante.

Si M. Allan, qui aime à se poser en redresseur de torts, et qui n'a pas seulement, quoiqu'on ait pu dire, les allures, mais aussi l'épée de Don Quichotte, quand le sujet en vaut la peine, si M Allan, dis-je, est républicain sincère, je le plains. Il doit souffrir.

Je vois bien le polémiste, mais je cherche l'*indépendant*.

Il ne faut pas oublier que la *Vigie*, journal des classes dirigeantes, a rejeté l'amnistie, qu'elle tombe à bras raccourcis sur les congrès socialistes, au risque de faire le jeu des réactionnaires et des bondieusards.

Une bonne note, cependant. En retrouvant son titre, la *Vigie algérienne* a perdu un ex-clerc d'huissier qui a obtenu la récompense à laquelle il avait droit :

Qui perd gagne.

Comparée à l'*Algérie française*, la *Vigie algérienne* est une reine dans le royaume de la presse.

Elle a trouvé un homme capable de tomber à coups de marteau sur le faux représentant du régime civil.

Il est à regretter que cette fièvre soit intermittente et que, pour des raisons personnelles, le directeur politique semble parfois mettre son journal aux enchères.

J'ai réservé l'*Akhbar* pour la bonne bouche.

Vieux fond de boutique qui vient de trouver un propriétaire sérieux ; L'*Akhbar* a fait peau neuve, c'est quelque chose ; mais c'est encore le frère aîné de la *Vigie algérienne* ; et si je ne voulais avant tout rendre justice au publiciste éminent qui, j'en suis sur, dirige le journal suivant sa conscience, sans jamais subir la moindre influence, j'aurais d'étranges soupçons en lisant ces élucubrations d'un autre âge.

L'ex-rédacteur de la *Marseillaise* qui s'est fait opportuniste quand il est devenu vieux, me ferait l'effet d'un ermite chassé du temple et qui a perdu sa croyance.

Quoiqu'il en soit, l'*Akhbar* aspire à devenir sérieux, et à occuper le premier rang dans la presse. S'il veut y arriver, qu'il se replonge dans la fontaine de jouvence, autrement il est destiné à suivre dans leur chûte prochaine les dirigeants dont il est l'organe ; j'allais dire le cornac.

Une exception : sous le rapport du titre. *Akhbar* en arabe veut dire nouvelle.

Ici le titre est justifié.

J'ai parlé des journaux qui se disent républicains.

Sur cette terre de déportés, j'ai presque honte d'être obligé de parler de journaux réactionnaires et cléricanx.

Mais il faut tout dire.

Parlons donc du *Nouvelliste de l'Algérie*, puisqu'il faut l'appeler par son nom.

Il me serait difficile de faire des personnalités. Je me suis laissé dire que ce journal changeait de rédacteurs comme de ligne politique.

Ce qu'il y a de certain c'est que sa haine de la République ne change poiut.

Ce journal semble prendre à tâche de justifier le mot de Girardin.

Eh bien, le croira-t-on, ce journal a ses lecteurs.

On va jusqu'à l'appeler : le *Figaro* algerien. *Le Figaro* ! J'entrevois bien la robe de Basile qui se dissimule dans l'ombre.

Mais du *Figaro* parisien le *Nouvelliste* ne possède que la perfidie et l'immoralité,

Un seul trait suffira pour peiudre ce journal. Il y a trois mois, il publiait un portrait satirique de l'homme qui passe pour en être le Mentor et le Mécène.

La caisse était-elle vide? des rédacteurs étaient-ils aux abois ? le diable seul et le gérant le savent. Mais ce n'est pas une question que nous adressons, une réponse nous éffraierait.

Après le *Nouvelliste*, journal franchement réactionnaire, tirons l'échelle, et jetons un coup d'œil dans le dernier cercle de la presse honteuse.

En effet, comment se fait-il que les journalistes d'Alger, sévères à juste titre pour le *Nouvelliste*, discutent si facilement avec le *Moniteur*.

Nous ne suivrons pas cet exemple. Le *Nouvelliste* nous inspire de l'horreur, mais le *Moniteur* ne nous inspire que du dégoût.

Le passé du *Moniteur*, explique mieux que tout ce que nous pourrions dire, le mépris qu'il doit inspirer à tout honnête homme.

Ce n'est pas un journal, c'est un caméléon politique qui ne reluit qu'au soleil levant.

On appelle le gérant de ce journal : le patron. On a raison. La boutique est connue, elle est offerte à tout venant. Du Bazar à la salle de rédaction, il n'y a la distance que d'un saut de plume.

Donc, et ceci sera notre conclusion : en discutant avec le *Moniteur*, les journalistes républicains nous font l'effet de jouer simplement à la concurrence, et de donner une prime à l'hypocrisie politique.

En résumé, nous avons trouvé dans la presse des chantres du régime bourgeois, de l'opportunisme et de la réaction.

Mais où donc est le journal qui songe à défendre la vraie République et les intérêts du peuple ?

Voilà pourquoi nous répétons que la presse algérienne n'existe pas.

FAUT PAS S' FOULER L' TEMPÉRAMENT

CHANSON NATURALISTE

1er COUPLET

Vrai quand j' vois l' bourgeois, bon apôtre,
Courir la gueuse en tapinois,
Ça m' fait suer à fond, comm' dit c't' autre ;
Rien d' pus dégueulbich' qu'un bourgeois.
Pour moi, quand eun' gonsesse em' botte,
J' la r'luque, et j'y dis carrément ;
J'y paye un litre et v'lan, j' la p'lotte,
Faut pas s'fouler l' tempérament (bis).

2e COUPLET

Quand j'rencontre un bon zig d'aminche,
J' m'aligne avec lui d'vant l' comptoir.
Mais si j' trouve eun' dégaine ed' grinche
Qu' a l'air d'épater l'*Assommoir*,
J' t'y fous vit' la gueul' en compote
En deux temps et rien qu'un mouvem' ment ;
Puis d' eun' baff' je l' flanque à la porte ;
Faut pas s' fouler l' tempérament (bis).

3e COUPLET

Si les roussins et la calotte,
Les réacs et les aristos,
Les badingueusards et la flotte
Des pignoufs et des proprios,
Chahutaient trop la Marianne
Tous les bons zigs au mêm' moment
T' les estoarbiraient d'un air crâne
Et sans s' fouler l' tempérament (bis).

Un Izòlatre.

REVUE LITTÉRAIRE

L'Assommoir et M. Zola

Notre collaborateur *Spartacus* constatait tout à l'heure, l'état de décomposition de la société bourgeoise.

Si l'on prenait au sérieux le tapage que certains *Barnums* font autour des dernières productions de l'école dite *naturaliste*, on pourrait aussi prédire à coup sûr la décadence prochaine de la littérature française.

Heureusement que l'agitation produite par M. Zola est toute superficielle et que le public lettré n'y prend qu'une faible part.

Le monde des *belles petites* et des *gommeux* qui se sont pâmés aux représentations de *l'assommoir*, est à la vérité fort bruyant ; c'est lui, de plus. qui tient entre ses mains ce que l'on nomme à Paris *la célébrité du jour*.

Or, nous devons l'avouer, M. Zola est, ou plutôt fût dernièrement le lion du jour. Tout Paris parlait de *l'assommoir* comme il avait autrefois parlé de *ohé Lambert*, de la *femme à barbe*, du shah de Perse, de *l'homme tatoué* et de *l'amant d'Amanda*.

Cette notoriété qui brille un instant comme la flamme d'un punch et disparait pour toujours, qui l'a procurée à M. Zola ? Simplement l'adaptation de l'assommoir au théâtre par MM. Busnach et Gondinet. Je pourrais même dire que le fameux ballet *des blanchisseuses* représenté aux folies-bergères est le principal élément de la vogue de M. Zola.

Toutefois, les œuvres de cet auteur, et principalement l'*Assommoir*, sont loin d'être sans valeur. On trouve dans ce dernier ouvrage des observations fort justes et surtout des peintures d'une vérité saisissante. Malheureusement ce sont ces observations et ces peintures que l'adaptation du roman au théâtre devait justement faire retrancher.

Au théâtre, la mise en scène supprime les descriptions et les peintures de l'auteur pour les remplacer par celles du costumier, du décorateur et surtout de l'acteur.

Le seul champ qui reste à l'auteur est celui de l'intrigue et de l'effet. Or dans l'*Assommoir* où l'on découvre des observations si vraies et si saisissantes, l'intrigue n'existe pour ainsi dire pas et les effets sont peu nombreux.

N'est-il pas curieux qu'une mauvaise pièce taillée pour le mieux par MM. Busnach et Gondinet dans un roman de valeur, fasse plus pour la gloire éphémère de l'auteur que ce roman lui-même ?

Les louanges que je viens d'adresser aux qualités de M. Zola me mettront maintenant à mon aise pour signaler les graves défauts de son œuvre.

J'ai dit que l'on trouvait dans l'*Assommoir* des passages remarquables par leur caractère de vérité, par leur *naturalisme*, comme dirait M. Zola ; mais le roman en lui-même est aussi faux et aussi peu naturaliste que possible.

L'auteur de l'*Assommoir* avait la prétention de décrire le monde des travailleurs, comme il est en train, dans *Nana* de décrire le monde des filles.

Eh bien, au nom de tous les ouvriers, au nom de la vérité et du naturalisme sincère, je dis que ce roman est faux et que M. Zola ne connait pas les vrais travailleurs.

En effet, l'ouvrier est incarné par M. Zola dans le personnage de *Coupeau* ; j'entends l'ouvrier véritable, le travailleur honnête. La femme de l'ouvrier est représentée par Gervaise. Est-il donc naturel de faire mourir *Coupeau* du *delirium tremens* ? Est-il vraisemblable de le représenter comme incapable de résister aux mauvais conseils d'un chenapan ? Les femmes d'ouvriers ont-elles comme *Gervaise*, l'habitude d'avoir des amants avant de se marier ? Non, mille fois non !

Ce qui est parfait dans l'ouvrage, c'est le personnage épizodique de *Mes-bottes*. Celui-ci n'a pas la prétention de représenter le travailleur ; il ne représente que le *poivrot*, mais nous devons avouer qu'il est peint de main de maître.

Lantier de même est un *meg* fort réussi, à moitié bourgeois, comme il convient à l'espèce. Il était impossible de faire mieux,

Il est inutile d'analyser ici la scène du lavoir, celle du dîner et tant d'autres d'une ressemblance frappante, qu'ont admiré sans réserve tous les critiques de bonne foi.

Félicitons surtout M. Zola d'avoir osé, malgré toutes les fausses pudeurs déchaînées, faire parler à ses personnages leur langage véritable.

Maintenant, pour conclure, que dire d'un roman dont certains détails sont aussi parfaits, tandis que le but principal est complétement manqué ?

Les gens sensés répondront que la perfection, même dans les détails, étant chose fort rare, l'auteur d'un semblable roman doit être encouragé. Qu'il doit persévérer, se remettre au travail afin d'arriver un jour à la perfection complète.

Voilà ce que diraient les gens sensés.

Mais M. Zola, complétement grisé par les bravos des viveurs qui applaudissent le ballet des blanchisseuses, préfère se poser en chef d'école, en Dieu ; et dans ses feuilletons il s'acharne à traiter de petits garçons le grand Victor Hugo et le divin Gautier.

Je doute que ce soit là le bon moyen d'arriver à la vraie célébrité. Je n'hésiterais même pas à parier que la divinité de M. Zola tiendra depuis longtemps compagnie aux vieilles lunes alors que l'ombre colossale de Victor Hugo couvrira toujours la littérature contemporaine.

RADARM.

Alger. — Imp. V. Pézé et Cie, Rue de la Casbah, ...

THÈSE
POUR LA LICENCE.

L'Acte public sur les matières ci-après sera soutenu, le samedi 23 décembre 1854, à deux heures,

Par Félix GESTIN, né à Paris.

Président, M. BONNIER, Professeur.

Suffragants :
MM. VALETTE, — Professeur.
DUVERGER,
COLMET DE SANTERRE,
RATAUD, — Suppléants.

Le Candidat répondra en outre aux questions qui lui seront faites sur les autres matières de l'enseignement.

PARIS.

VINCHON, FILS ET SUCCESSEUR DE Mme Ve BALLRU.
Imprimeur de la Faculté de Droit,
RUE J.-J. ROUSSEAU, 8.

1854.

JUS ROMANUM.

DE VULGARI ET PUPILLARI SUBSTITUTIONE.

(Dig., lib. 28, tit. vi.)

Quanti apud Romanos interesset, ne quis sine testamento mo-
riretur, neminem fugit.

Inde, substitutiones, ne, nullo adeunte, jacerent irrita testa-
menta.

Jure Pandectarum duplex substitutionis species, *vulgaris* et
pupillaris; est autem tertia, *exemplaris* scilicet, Justinianeo
jure introducta.

De una quaque, sua vice, tractabimus.

I. DE VULGARI.

Vulgaris est substitutio, quum testator quilibet hunc in casum hæredi substituit, nempe, si *institutus hæres non fuerit,*
quod fieri videres, si institutus vel nolit, vel non possit hæres
esse.

5549

Substituendo testator plures heredum gradus efficere potest.

Primo gradu qui scribitur, *institutus;* secundo vel ulteriori gradu, *substitutus* nuncupatur ; in quantum autem velit, substituere et in novissimo loco vel servum necessarium heredem scribere valet.

Plures et pluribus et uni substituere potes , aut pluribus unum, aut singulos singulis, vel invicem ipsos qui heredes instituti sunt ; quam substitutionem vocamus reciprocam aut mutuam, eoque casu, jus substitutionis sæpe sæpius a jure adcrescendi differt, eo quod a legibus Julia et Papia Poppæa jus adcrescendi removebatur et non æque jus substitutionis.

Quod si , verbi gratia , ex disparibus portionibus heredes instituti fuere, adcrescendi jure in partem deficientis ex parte admittuntur qua scripti sunt in hereditate : jure autem substitutionis potest et alium modum testator imponere.

Substitutionum divisiones complures : prima, in expressas et tacitas.

Quæ sit expressa, facile est intelligendum ; ad tacitas autem quadrat hæc regula : « Substitutus substituto tacite censetur substitutus instituto ; sic constituere Severus et Antoninus.

Simplex etiam aut gradualis distinguitur substitutio.

Simplex, quum unus tantum substitutionis gradus factus ; *gradualis,* quum facti fuere plures.

Tertia, insuper, vulgarium substitutionum, divisio *nominatim* factas et *breviloquas* complectitur.

Vulgariter omnes substitui qui et institui possunt.

Instituto autem hereditatem adeunte, substitutio cadit, quum ut supra dictum, nihil est aliud quam institutio subsidiaria sub aliis posita « *si ille heres non erit, ille heres esto.* »

II. DE PUPILLARI.

Pupillaris substitutio ea est qua paterfamilias liberis impuberibus quos in potestate habet, *si intra pubertatem decesserint*, scribit heredem.

Impuberibus igitur ne intestati moriantur, vel etiam exheredatis, pater testamentum efficere potest; potestatis enim patriæ pars est ea facultas.

Quemcumque instituere, eum etiam substituere possumus et tam eum quem heredem nobis instituimus quam alterum, Modestinus dixit.

Quisquis autem impuberi testamentum facit, sibi quoque facere debet; soli filio non poterit, nisi forte miles sit.

Substitutio pupillaris' duplex igitur testamentum complectitur : quæ, certe, unum est testamentum duarum causarum, id est, duarum hæreditatum.

Unde fit ut, corruente patris testamento, corruat et pupillaris substitutio, quum ejus sequela est.

Pupillaris substitutio expressa est aut tacita ; expressa, ut puta, si sic substituatur : *filius hæres esto* et si *filius hæres non erit, sive erit et prius moriatur quam in suam tutelam venerit, tunc Scius hæres esto.*

Tacita, quum pater impuberi filio in unum casum substituit, tunc in alterum substituisse censetur.

Substituitur etiam aut nominatim, *veluti Titio Seius,* aut generaliter, his verbis : *Quisquis hæres erit !* et non solum ea quæ pupillus ex hæreditate paterna habuit, sed etiam, quæ postea ei obvenerunt, ad pupillarem substitutum pertinent, nam testator suis bonis et impuberis substituit.

Pupillaris evanescit substitutio, deficiente conditione, si filius scilicet ad quartum decimum annum pervenerit, ad duodecim filia, seu augustiore termino, si sic statuerit testator , ut puta ad decimum annum; nec non aliter, si filius a testatore ante mortem emancipatus, vel post ejus mortem adrogatus sit.

III. DE EXEMPLARI.

Quasi pupillaris seu exemplaris appellatur substitutio qua, mente captis filiis vel nepotibus cujuscumque sexus, vel gradus, si antequam resipuere, decesserint, parens hæredem scribit.

Quod tertium substitutionis genus, pupillaris ad exemplum, a Justiniano introductum fuit.

A pupillari tamen exemplarem differentem videre est :

1° Ex eo quod cuilibet ex liberis potest utriusque sexus quilibet parens exemplariter substituere ;

2° Quod apud exemplarem certæ personæ tantum, inter liberos scilicet furiosi, seu nisi habeat, inter fratres, hisque deficientibus, inter extraneos substitui possunt.

POSITIONES.

I. In dimidiam admittitur partem vulgariter substitutus de quo agitur apud Institutiones Justiniani, libro II, titulo XV, § 4.

II. Hæc regula : *substitutus substituto tacite censetur substitutus instituto*, utilis fuit, non solum quum vigerent caducariæ leges, sed etiam Justinianeo jure.

III. Quod dicitur substitutum substituto censeri substitutum instituto, in pupillari quoque substitutione verum est, nec obstat lex xLVII, *de vulgari et pupillari substitutione.*

IV. Ut pupillaris substitutio valeat, impuberem necesse est sub testatoris potestate fuisse, non mortis solum sed et substitutionis tempore.

V. Nec solum substitutio pupillaris in vulgari sed et, vice versa, vulgaris in pupillari tacite continetur.

DROIT FRANÇAIS.

DES TESTAMENTS.

(Code Nap., liv. 3, tit. 2, chap. 5, sect. 1, 2, 3, 4, 5, 6 et 7, art. 967-1034. Loi du 25 ventôse an XI, sur le notariat, tit. 1er, art. 1-30, art. 68. Ordonnance de la marine, d'août 1681, liv. 1, tit. 9, art. 24. Loi du 3 mai 1822, sur la police sanitaire, art. 1 et 19.)

Le testament est l'acte par lequel une personne dispose, pour le temps où elle n'existera plus, de tout ou partie de ses biens, et qu'elle peut révoquer.

C'est donc un acte qui ne se réalise qu'à la mort du testateur, et peu importe que la libéralité soit faite sous le nom de legs ou d'institution d'héritier, cette libéralité vaudra toujours comme legs.

Les testaments se divisent en deux grandes classes :

1° Testaments ordinaires, de droit commun, que tout le monde peut faire ;

2° Testaments privilégiés, qui ne sont permis qu'à certaines personnes, et dans des circonstances déterminées.

Nous aurons donc à traiter successivement de la forme :

1° Des testaments ordinaires ;

2° Des testaments privilégiés.

§ 1er. — DE LA FORME DES TESTAMENTS ORDINAIRES.

Trois espèces de testaments ordinaires sont admises par la loi :
Le testament olographe,
Le testament public,
Le testament mystique.

I. TESTAMENT OLOGRAPHE.

Le testament olographe est celui que le testateur fait seul, sans intervention d'officier public ou de témoins. Il doit être *écrit* en entier, *daté* et *signé* de la main du testateur.

On veut qu'il soit écrit en entier de la main du testateur, parce qu'il serait à craindre que celui-ci ne subît l'influence de la personne qui participerait à la rédaction de l'acte.

Quant à la date, elle établit soit la capacité du disposant, soit l'ordre chronologique entre plusieurs testaments.

La signature, enfin, donne aux volontés du testateur leur confirmation légale.

II. TESTAMENT PUBLIC.

Le testament public est celui qui est reçu par deux notaires en présence de deux témoins, ou par un notaire en présence de quatre témoins.

Le testateur dicte lui-même ses dispositions, qui doivent être écrites par le notaire, ou l'un des notaires, telles qu'elles lui sont dictées.

Lecture de l'acte doit être donnée au testateur, en présence des témoins, afin qu'il soit certain pour tous que le notaire a reproduit fidèlement la pensée du disposant ; et mention de l'accomplissement de toutes ces formalités est faite par le notaire ; à défaut de cette mention, le testament est nul.

Le testament public doit être signé par le testateur : s'il déclare qu'il ne sait, ou ne peut signer, il sera fait mention dans
l'acte, et de la déclaration du testateur à cet égard, et de la
cause qui l'empêche de signer.

Le testament doit être également signé des témoins, sauf
dans les campagnes, où la signature de la moitié des témoins
est suffisante.

Le notaire n'est pas tenu de mentionner que le testament a
été signé par le testateur et par les témoins; il suffit qu'il le
soit.

Le Code, dérogeant sur ce point à la loi du 25 ventôse an XI,
n'exige nulle part cette mention.

Le notaire, au contraire, mentionnera sa signature, car, aux
termes de l'article 14 de cette loi, les notaires ne doivent pas
seulement signer l'acte qu'ils reçoivent, ils doivent encore mentionner qu'ils l'ont signé.

Une autre dérogation à la loi de ventôse découle des art. 975
et 980, qui établissent un système complet sur les qualités
que doivent réunir les témoins appelés aux *testaments publics,*
et sur les causes d'incapacité qui forment obstacle à l'exercice
de cette mission.

C'est ainsi qu'aux termes de ces articles, devront être mâles,
majeurs, sujets français, jouissant des droits civils, les témoins
appelés pour être présents au testament, et ne pourront être
pris pour témoins, ni les légataires, à quelque titre qu'ils soient,
ni leurs parents ou alliés jusqu'au quatrième degré inclusivement, ni les clercs des notaires par lesquels les actes sont
reçus.

Observons, du reste, que le testament public reste, comme
acte notarié, soumis à toutes les règles de la loi de ventôse,
auxquelles le Code n'a pas dérogé expressément. Ainsi le testament public serait nul s'il avait été reçu par un notaire instru-

mentant hors du ressort qui lui est assigné par la loi, ou s'il contenait quelque disposition, soit en faveur du notaire, soit en faveur d'un de ses parents ou alliés, en ligne directe à tous les degrés, et en ligne collatérale, jusqu'au troisième degré inclusivement; ou s'il avait été reçu par deux notaires parents ou alliés entre eux dans les mêmes limites; ou s'il ne contenait pas l'énonciation, soit des noms et demeures des témoins instrumentaires, soit du lieu, de l'année et du jour où il a été passé, ou encore si le notaire, au lieu d'en garder minute, l'avait délivré simplement en brevet.

III. TESTAMENT MYSTIQUE.

Ce testament se compose de deux parties distinctes :
1° L'écrit renfermant les dispositions du défunt ;
2° L'acte de suscription.

L'écrit testamentaire peut être tracé, soit de la main du testateur, soit de la main d'un tiers ; la signature du testateur est seule requise, toutes les fois que celui-ci est à même de le faire.

Cet acte doit ensuite être présenté clos et cacheté au notaire et aux témoins, ou bien il doit être clos et cacheté en leur présence.

Le testateur déclare que c'est là son testament écrit et signé de lui, ou écrit par un autre et signé par lui.

Le notaire dresse alors l'acte de suscription, c'est-à-dire procès-verbal tant de la présentation de l'acte testamentaire que de la déclaration du testateur, et, s'il y a lieu, des formalités de clôture et d'apposition de cachet.

Ce procès-verbal doit être signé par le notaire, le testateur et les témoins, et, comme tout autre acte notarié, l'acte de suscription sera daté (article 12 de la loi de ventôse).

Si le testateur ne peut, après avoir toutefois signé son testament, signer l'acte de suscription, il est fait mention de la déclaration qu'il en a faite, sans qu'il y ait besoin d'appeler aucun autre témoin; mais si le testateur n'avait pu signer l'acte testamentaire, il devrait, dans ce cas, être appelé un septième témoin, et le notaire ferait mention de la cause pour laquelle il a été appelé.

Toutes ces formalités doivent avoir lieu de suite et sans interruption; c'est l'unité de contexte des Romains.

Le testament mystique est absolument interdit aux personnes qui ne savent ou ne peuvent ni lire ni écrire. Elles ne peuvent tester que par acte public, aucune autre forme ne leur est ouverte, ni la forme olographe, puisqu'elles sont incapables d'écrire, ni la forme mystique, puisqu'elles ne peuvent point s'assurer que le testament qu'elles font écrire par un tiers et qu'elles présentent au notaire contient réellement les dispositions qu'elles ont voulu faire écrire.

Incapable de tester en la forme publique, le muet, s'il sait écrire, peut tester dans la forme mystique, comme il le peut dans la forme olographe, mais alors la loi impose les trois conditions suivantes :

1° Le testament doit être entièrement écrit, daté et signé de la main du testateur;

2° Au haut de l'acte de suscription, le testateur doit écrire que le papier qu'il présente est bien son testament;

3° Il sera fait mention dans l'acte de suscription que le testateur a écrit sa déclaration en présence du notaire et des témoins.

Quant aux personnes sourdes, elles peuvent, si elles savent écrire, faire un testament olographe ou mystique; si elles savent lire, elles peuvent, quoique ne sachant pas écrire, faire un testament mystique; mais elles ne peuvent, en aucun cas, tester par acte public.

Elles sont donc incapables de tester, si elles ne savent ni lire ni écrire.

Quant aux témoins appelés au testament mystique, ils doivent réunir les quatre conditions exigées des témoins dans le testament public; ils seront mâles, majeurs, sujets français, et jouiront des droits civils.

Et comme le Code ne s'est occupé, nulle part, des motifs d'incapacité, relativement aux témoins appelés dans les testaments mystiques, c'est le cas de recourir, pour ces incapacités, aux règles générales prescrites par la loi de ventôse, dans son art. 10.

Remarquons, en terminant, qu'aux termes de l'art. 1007, les testaments olographes et mystiques ne peuvent être mis à exécution qu'après l'accomplissement des formalités suivantes :

1° Présentation du testament au président du tribunal de première instance de l'arrondissement où la succession s'est ouverte, lequel l'ouvre, s'il est cacheté ;

2° Procès-verbal dressé par le président de la présentation, de l'ouverture et de l'état du testament ;

3° Dépôt en l'étude d'un notaire commis par ordonnance du président.

La loi exige de plus, pour l'ouverture du testament mystique, que le notaire et les témoins signataires de l'acte de suscription soient appelés.

TESTAMENTS PERMIS EN CERTAINS CAS.

I. TESTAMENT MILITAIRE.

Ce testament peut être reçu :

1° Par un chef de bataillon ou d'escadron, assisté de deux témoins;

2° Par un sous-intendant militaire, assisté de deux témoins ;

3° Par deux sous-intendants militaires;

4° Enfin, si le testateur est dans un hospice, malade ou blessé, par l'officier de santé en chef, assisté du commandant militaire l'hospice.

Il sera nul, six mois après que le testateur sera revenu dans un lieu où il aura la liberté d'employer les formes ordinaires.

II. TESTAMENT FAIT EN TEMPS DE CONTAGION.

Toute personne se trouvant dans un lieu avec lequel les communications sont interceptées à cause de la peste, ou toute autre maladie contagieuse, peut faire son testament devant le juge de paix du canton ou devant l'un des officiers municipaux de la commune en présence de deux témoins.

Aux termes de l'art. 19 de la loi du 3 mai 1822, les membres composant la commission sanitaire peuvent également recevoir, en présence de deux témoins, dans les lazarets et autres lieux réservés, les testaments de ceux qui s'y trouvent en quarantaine.

III. TESTAMENT MARITIME.

Les testaments faits sur mer, dans le cours d'un voyage, peuvent être reçus à bord des bâtiments de l'État par l'officier commandant le bâtiment ou, à son défaut, par celui qui le supplée dans l'ordre de service, l'un ou l'autre conjointement avec l'officier d'administration ; à bord des bâtiments de commerce, ils sont reçus par l'écrivain du navire, ou celui qui en remplit les fonctions, l'un ou l'autre assisté du capitaine ; à son défaut, par celui qui le remplace, et dans l'un et l'autre cas, en présence de deux témoins.

La confection en deux originaux du testament fait en mer, la remise de l'un de ces originaux au consul français du premier port étranger où le bâtiment pourra aborder; la remise de l'autre, lors du retour du bâtiment en France, au bureau du préposé de l'inscription maritime, l'envoi de l'un et de l'autre au ministre de la marine; le dépôt que le ministre doit en faire au greffe de la justice de paix du domicile du testateur, la

mention sur le rôle du bâtiment de la remise des deux originaux, sont autant de prescriptions que la loi a tracées pour
assurer la conservation matérielle du testament.

Ce testament est nul trois mois après que le testateur aura
pu descendre à terre, et dans un lieu où il aura pu tester dans
les formes ordinaires.

Dans le testament fait en mer, toute disposition au profit des
officiers du bâtiment est nulle, s'ils ne sont parents du testateur.

Les trois testaments dont il est question doivent chacun être
signés par le testateur, s'il est à même de le faire, tout au moins
par l'un des témoins, et par celui qui les aura reçus.

Si le testateur déclare qu'il ne sait ou ne peut signer, il sera
fait mention de sa déclaration, ainsi que de la cause qui l'empêche de signer.

Il en est de même si c'est un des témoins qui ne signe pas.

D'après l'ordonnance sur la marine d'août 1681 (livre I,
t. IX, art. 24), disposition qu'une circulaire du ministre des
affaires étrangères, du 22 mars 1834, déclare être toujours en
vigueur, les testaments reçus par le chancelier dans l'étendue
du consulat, en présence du consul et de deux témoins, et
signés d'eux, sont réputés solennels.

Celui qui se trouve en pays étranger peut tester, soit en la
forme olographe, soit d'après les formes usitées dans le pays
où il se trouve ; mais si un pareil testament doit être exécuté
sur des biens situés en France, il devra être enregistré au bureau de l'arrondissement où se trouve le domicile du testateur
et, en outre, s'il a pour objet des immeubles, au bureau de la
situation de ces immeubles.

DES LEGS.

On distingue trois espèces de legs :
1° Le legs universel ;

2° Le legs à titre universel;
3° Le legs particulier.

II. DU LEGS UNIVERSEL.

Le legs universel est celui qui donne un droit, au moins éventuel, à la totalité des biens que laissera le testateur, au jour de son décès.

La position du légataire universel varie suivant que le testateur a ou n'a pas laissé d'héritiers réservataires.

Le légataire universel se trouve-t-il en présence d'héritiers réservataires, c'est à ces derniers qu'il doit s'adresser pour se faire délivrer ce qui fait l'objet de son legs.

L'héritier réservataire, en effet, est investi, de plein droit, par la mort du testateur, de tous les biens de la succession, et de là découlerait cette conséquence que c'est à lui que les fruits appartiennent jusqu'au jour de la demande en délivrance; mais ici la loi prend en main les intérêts du légataire universel.

Elle lui accorde, à compter du jour du décès, la jouissance des biens compris dans le testament lorsqu'il en demande la délivrance dans l'année du décès, sinon cette jouissance ne commencera que du jour de la demande formée en justice, ou du jour que la délivrance aurait été volontairement consentie.

N'y a-t-il pas de réservataires, le légataire est saisi de plein droit par la mort du testateur.

Toutefois, si le testament est olographe ou mystique, il devra remplir les formalités exigées pour son ouverture, et se faire envoyer en possession par une ordonnance du président :

Le légataire universel seul est tenu de toutes les dettes du défunt; en présence d'héritiers *réservataires*, il ne le sera que proportionnellement à ce qu'il reçoit.

Quant aux legs, comme ils sont une charge de la quotité disponible, le légataire universel qui prend à lui seul tout le disponible, sera tenu seul aussi du payement des legs, et si ce qu'il recueille dans la succession n'est pas suffisant pour désintéresser tous les légataires, il leur fera subir à tous une réduction proportionnelle de la manière réglée par les art. 926 et 927.

II. DU LEGS A TITRE UNIVERSEL.

Le legs à titre universel est celui par lequel le testateur lègue une quote-part des biens dont la loi lui permet de disposer, telle qu'une moitié, un tiers, ou tous les immeubles, ou tous les meubles, ou une quotité fixe de tous les immeubles ou de tout le mobilier.

Le légataire à titre universel n'a jamais la saisine ; il doit demander la délivrance : 1° aux réservataires ; 2° à leur défaut, aux légataires universels ; 3° à défaut de ceux-ci, aux héritiers appelés dans l'ordre établi aux successions.

Il contribue aux dettes en proportion de ce qu'il reçoit, et aux legs particuliers en proportion de ce qu'il prend dans le disponible.

III. DES LEGS PARTICULIERS.

On appelle ainsi toute disposition testamentaire qui ne constitue ni un legs universel, ni un legs à titre universel.

Le légataire particulier n'a droit aux fruits que du jour de la demande en délivrance, suivant l'ordre établi par l'article 1011.

Il y a cependant droit, à partir du décès : 1° lorsque le testateur a expressément déclaré sa volonté à cet égard ; 2° lorsqu'une rente viagère ou une pension est léguée à titre d'ali-

Trois actions compètent aux légataires particuliers pour poursuivre l'exécution de leur legs :

1° Une action personnelle contre le débiteur de ce legs ;

2° Une action en revendication, s'il s'agit d'un corps certain et déterminé dont le testateur était propriétaire ;

3° Une action hypothécaire sur les immeubles de la succession.

La chose léguée sera délivrée avec les accessoires nécessaires, et dans l'état où elle se trouvera au jour du décès du testateur.

S'il s'agit d'immeubles acquis près de l'immeuble légué, ils ne font partie du legs qu'autant qu'ils sont enclavés dans le même enclos.

Si l'immeuble légué se trouve, au moment du décès du testateur, grevé d'un hypothèque ou d'un usufruit, le légataire, obligé de prendre la chose dans l'état où elle est alors, ne peut exiger que l'héritier éteigne l'hypothèque ou rachète l'usufruit ; mais il ne faudrait pas conclure de là que le légataire fût obligé de payer la dette hypothécaire. Le payement de cette dette, en principal et en intérêts, reste toujours à la charge des successeurs universels, contre lesquels le légataire aurait son recours s'il était obligé de désintéresser le créancier.

Le legs de la chose d'autrui est nul, soit que le testateur ait connu ou non qu'elle ne lui appartenait pas.

Le legs d'une chose indéterminée laisse le choix au débiteur qui la livrera d'une qualité moyenne.

Le legs fait à un créancier n'est pas censé fait en compensation de sa dette.

Les frais de délivrance sont à la charge de la succession, sans que la réserve puisse être entamée. Les frais de mutation, au contraire, sont payés par le légataire qui peut, aujourd'hui, ne faire enregistrer le testament que pour les dispositions qui le concernent.

DES EXÉCUTEURS TESTAMENTAIRES.

Un testateur peut donner mandat à une ou plusieurs personnes de veiller, après sa mort, à l'exécution de son testament. Ces personnes prennent le nom d'*exécuteurs testamentaires*.

Le testateur peut leur donner la saisine du mobilier ; elle ne peut jamais durer plus d'un an et un jour, et l'héritier peut même la faire cesser en justifiant du payement des legs mobiliers, ou en offrant une somme suffisante pour leur exécution.

L'exécuteur testamentaire est astreint à diverses charges. Il doit :

1° Faire apposer les scellés, s'il y a des héritiers mineurs, interdits ou absents ;

2° Faire dresser l'inventaire en présence de l'héritier ;

3° Provoquer la vente du mobilier, à défaut de deniers suffisants pour acquitter les legs ;

4° Veiller à l'exécution du testament ;

5° Rendre compte de sa gestion à l'expiration du terme.

D'où cette conséquence que quiconque est incapable de s'obliger ne peut être exécuteur testamentaire.

C'est ainsi que le mineur ne peut l'être en aucun cas, que la femme mariée ne le sera qu'avec le consentement de son mari.

Toutefois, la femme séparée de biens, pouvant être poursuivie sur la pleine propriété de ses biens pour les obligations qu'elle contracte, soit avec l'autorisation du mari, soit avec celle de la justice, la loi lui permet d'accepter avec l'une ou l'autre autorisation.

S'il y a enfin plusieurs exécuteurs testamentaires, et qu'on ne leur ait pas attribué de fonctions spéciales, ils sont tenus solidairement : si, au contraire, leurs fonctions ont été divisées, chacun n'est responsable que de l'exécution du mandat qui lui a été donné personnellement.

POSITIONS.

I. Le testament qui ne vaut pas comme testament mystique, vaut-il comme olographe, lorsqu'il est écrit en entier, daté et signé de la main du testateur? — Oui.

II. Les art. 975-980 forment un système complet en ce qui concerne les témoins du testament public, et il n'y a pas lieu de recourir, sur ce point, aux dispositions de la loi de ventôse an XI.

III. Dans le cas de contestation sur la validité d'un testament olographe, est-ce au légataire d'établir que le testament est régulier en la forme, c'est-à-dire qu'il est écrit, daté et signé de la main du testateur? — Oui.

IV. Le testament fait sur mer n'est pas nul, par cela seul qu'il contient une disposition au profit des officiers du navire ; cette disposition seule reste sans effet.

V. Toute disposition d'usufruit constitue un legs particulier.

VI. Le légataire à titre universel n'a-t-il droit aux fruits que du jour de sa demande en délivrance, lors même que cette demande est formée dans l'année du décès du testateur? — Oui.

VII. Le légataire particulier acquiert-il sur la chose léguée un droit de propriété ou un simple droit de créance? — Un droit de propriété.

VIII. Le légataire universel est-il tenu des dettes *ultra vires*? — Non.

IX. Le testateur peut-il dispenser l'exécuteur testamentaire de rendre compte ? — Non.

Vu par le Président de la thèse,
BONNIER.

Vu par le Doyen,
CHAPPELLAT.